Cómo tener éxito en el trabajo sin enviar a su jefe a terapia

Introducción: Navegando por el campo minado profesional

Bienvenido, querido lector, al laberíntico mundo de la política de oficina, los plazos de los proyectos y las disputas sobre las máquinas de café. En esta guía, nuestro objetivo es ayudarle a trazar un rumbo hacia el éxito profesional sin enviar a su jefe a una caída en picada de desesperación o, peor aún, a terapia.

Navegar por el panorama profesional a menudo puede parecer como caminar de puntillas por un campo minado. Un paso en falso y podría encontrarse en una catástrofe profesional o, al menos, recibir una mirada de desaprobación por parte de su jefe. ¡Pero no temas! Con una combinación de consejos serios y un toque de humor, exploraremos estrategias que le ayudarán a sobresalir en el trabajo manteniendo intacta la salud mental de su jefe.

Este libro está dividido en nueve capítulos, cada uno de ellos diseñado para abordar un aspecto específico de la vida profesional. Desde comprender la psique de su jefe hasta dominar las sutilezas de la etiqueta en la oficina, y desde brindar excelencia sin promesas excesivas hasta manejar los conflictos con elegancia, lo tenemos cubierto.

Comenzaremos adentrándonos en la misteriosa mente de tu jefe, revelándote los secretos para comprender su psique y aprender el arte de la empatía. A continuación, abordaremos la etiqueta en la oficina, porque nada dice "soy un profesional" como llegar a tiempo y saber cuándo callarse durante un acalorado debate sobre quién se terminó lo último de la leche.

Aprenderá cómo establecer expectativas realistas y cumplir sus promesas, asegurándose de convertirse en el empleado confiable con el que su jefe puede contar.

También cubriremos técnicas de comunicación efectivas, incluido el poder subestimado de escuchar y la importancia de la etiqueta del correo electrónico: nadie quiere ser esa persona que envía un "respuesta a todos" a toda la empresa.

El conflicto es inevitable en cualquier lugar de trabajo, pero le mostraremos cómo manejarlo con gracia, ofreciendo críticas constructivas sin iniciar una guerra. Equilibrar la ambición con la humildad es otro tema clave; después de todo, existe una delgada línea entre tener confianza y parecer un arrogante fulano de tal.

El manejo del estrés y el mantenimiento de un equilibrio saludable entre el trabajo y la vida personal son cruciales para el éxito a largo plazo.

Compartiremos consejos para reconocer el agotamiento, promover un ambiente de trabajo positivo y garantizar que su bienestar no se sacrifique en aras de la ambición profesional.

Finalmente, analizaremos la planificación para el éxito a largo plazo, el establecimiento de objetivos profesionales y el desarrollo continuo de sus habilidades para mantenerse a la vanguardia en el panorama profesional en constante evolución.

Entonces, toma una taza de té (o café, si es necesario), siéntate en tu sillón favorito y prepárate para embarcarte en un viaje hacia la excelencia profesional.

Con un poco de ingenio y mucha sabiduría, pronto tendrás éxito en el trabajo sin tener que enviar a tu jefe a terapia. ¡Salud por eso!

Capítulo 1: Comprender la psique de su jefe

1.1 El jefe es sólo humano

1.2 El arte de la empatía

1.3 El espectro de la comunicación

Capítulo 2: Dominar las sutilezas de la etiqueta en la oficina

2.1 Puntualidad: el primer paso hacia la confiabilidad

2.2 Códigos de vestimenta y sentido de la vestimenta

2.3 El delicado equilibrio de la política de oficina

Capítulo 3: Ofrecer excelencia sin hacer demasiadas promesas

3.1 Establecer expectativas realistas

3.2 La importancia del seguimiento

3.3 Mejora Continua

Capítulo 4: Técnicas de comunicación efectivas

4.1 El poder de escuchar

4.2 Elaboración de mensajes claros y concisos

4.3 Etiqueta del correo electrónico

Capítulo 5: Manejar los conflictos con gracia

5.1 Identificación temprana de posibles conflictos .

5.2 Críticas y comentarios constructivos

5.3 Aprender a disculparse

Capítulo 6: Equilibrar la ambición con la humildad

6.1 El impulso hacia el éxito

6.2 Mantenerse humilde

6.3 Búsqueda de tutoría

Capítulo 7: Manejar el estrés y mantener el bienestar

7.1 Reconocer el agotamiento

7.2 Equilibrio entre vida personal y laboral

7.3 Promoción de un ambiente de trabajo positivo

Capítulo 8: Planificación para el éxito a largo plazo

8.1 Establecer objetivos profesionales

8.2 Aprendizaje y desarrollo continuo

8.3 Construyendo una red profesional

9.0 Trabajar desde casa: navegar por la nueva normalidad

Capítulo 10: Lidiando con un jefe loco: navegando en aguas turbulentas

Conclusión: el viaje hacia el éxito profesional

Capítulo 1: Comprender la psique de su jefe

Ah, la enigmática figura del jefe. Su jefe, que suele ser una fuente tanto de inspiración como de exasperación, desempeña un papel fundamental en su vida profesional. Comprender qué los motiva no sólo puede mejorar su relación laboral sino también allanar el camino para su éxito. Sumerjámonos en el misterioso reino de la psique del jefe y descubramos los secretos para gestionar hacia arriba de forma eficaz.

1.1 El jefe es sólo humano

En primer lugar, es fundamental recordar que su jefe, a pesar de su título y autoridad, es humano. Experimentan estrés, presión y el deseo ocasional de tirar su computadora por la ventana como el resto de nosotros. Reconocer su humanidad es el primer paso para construir una relación más empática y productiva.

Reconozca sus desafíos: es probable que su jefe se enfrente a presiones que usted no conoce, como cumplir objetivos, administrar presupuestos y garantizar el desempeño del equipo. Ser consciente de estas tensiones puede ayudarle a comprender mejor sus acciones y reacciones.

Muestre aprecio: un simple "gracias" puede ser de gran ayuda. Reconocer su arduo trabajo y apoyo puede generar buena voluntad y hacer que su jefe se sienta valorado.

1.2 El arte de la empatía

La empatía es tu arma secreta. Al comprender y apreciar la perspectiva de su jefe, puede anticipar sus necesidades, alinearse con sus objetivos y, lo más importante, evitar conflictos innecesarios.

Escucha activa: presta mucha atención cuando habla tu jefe. Esto muestra respeto y le ayuda a comprender sus prioridades y preocupaciones. Tome notas durante las reuniones para asegurarse de no perderse puntos importantes.

Haga preguntas interesantes: muestre interés genuino en su visión y objetivos. Preguntas como "¿Cómo puedo apoyar mejor este proyecto?" o "¿Cuáles son sus principales preocupaciones sobre esta iniciativa?" puede demostrar su compromiso con sus objetivos.

1.3 El espectro de la comunicación

La comunicación efectiva es la piedra angular de cualquier relación profesional exitosa. Comprender el estilo de comunicación preferido de su jefe puede evitar malentendidos y garantizar que sus mensajes sean bien recibidos.

Identifique su estilo: algunos jefes prefieren informes detallados basados en datos, mientras que otros aprecian resúmenes breves y directos. Preste atención a sus comentarios y adapte su estilo de comunicación en consecuencia.

Sea claro y conciso: Independientemente de sus preferencias, la claridad y la concisión son universalmente apreciadas. Evite la jerga y asegúrese de que sus mensajes sean fáciles de entender.

Elija el medio adecuado: algunos temas se discuten mejor cara a cara o mediante videollamada, mientras que otros se pueden manejar por correo electrónico o mensajería instantánea. Elija el medio que se alinee con la urgencia y la naturaleza de la comunicación.

1.4 Manejo de expectativas

Un aspecto clave para comprender la psique de su jefe es gestionar sus expectativas.

Esto implica establecer objetivos realistas, cumplir sus promesas y mantener informado a su jefe sobre su progreso.

Establezca objetivos claros: durante las discusiones del proyecto, asegúrese de comprender completamente lo que se espera de usted. Aclare cualquier ambigüedad y confirme los plazos.

Proporcione actualizaciones periódicas: mantenga a su jefe informado con informes de progreso periódicos. Esto no sólo genera confianza, sino que también brinda oportunidades para abordar cualquier problema antes de que se agrave.

Cumpla sus promesas: Cumplir o superar constantemente las expectativas fortalecerá la confianza de su jefe en usted. Si prevé algún problema que pueda retrasar su trabajo, comuníqueselo lo antes posible.

1.5 Generar confianza y confiabilidad

La confianza es la base de cualquier relación de trabajo sólida. Al ser confiable y demostrar integridad, puede establecer una relación sólida con su jefe.

Sea confiable: la coherencia es clave. Cumple con tus compromisos y sé puntual en tus tareas y reuniones.

Sea dueño de sus errores: si comete un error, reconózcalo, discúlpese y presente un plan para rectificar la situación. Esta honestidad te hará ganar respeto.

Sea proactivo: anticípese a las necesidades de su jefe y tome la iniciativa. Ya sea identificando problemas potenciales o sugiriendo mejoras, el comportamiento proactivo demuestra que estás comprometido e invertido en el éxito del equipo.

1.6 La importancia de la alineación

Alinear sus metas con los objetivos de su jefe puede crear una relación de trabajo armoniosa y productiva.

Comprender su visión y prioridades le permite adaptar sus esfuerzos para respaldar los objetivos más amplios de la organización.

Comprenda su visión: hable sobre los objetivos a largo plazo y la visión que su jefe tiene para el equipo o la empresa. Conocer el panorama general le ayuda a alinear sus esfuerzos en consecuencia.

Contribuya a su éxito: encuentre formas de apoyar las iniciativas de su jefe. Ya sea asumiendo responsabilidades adicionales o aportando ideas innovadoras, <u>demuestre que es un valioso miembro del equipo.</u>

Busque comentarios: solicite periódicamente comentarios sobre su desempeño. Esto no sólo le ayuda a mejorar, sino que también demuestra su compromiso con la excelencia y la alineación con las expectativas de su jefe.

Al comprender la psique de su jefe, puede construir una relación más sólida y colaborativa que lo beneficie tanto a usted como a la organización. Recuerde, la empatía, la comunicación y la confiabilidad son las claves del éxito.

Ahora, armado con estos conocimientos, está listo para navegar en el campo minado profesional con confianza y gracia.

Capítulo 2: Dominar las sutilezas de la etiqueta en la oficina

Navegar por el mundo de la etiqueta en la oficina puede parecer como asistir a una interminable fiesta de té con la Reina. Cada movimiento es examinado minuciosamente y un solo paso en falso podría conducir a un escándalo de proporciones de Downton Abbey.

No temas, porque con un toque de humor y un poco de sentido común, puedes dominar las sutilezas de la etiqueta de la oficina y salir ileso.

2.1 Puntualidad: el primer paso hacia la confiabilidad

Ah, puntualidad: el elusivo arte de llegar a tiempo. Es la forma más fácil de demostrar respeto por el tiempo de sus colegas, pero parece eludir a algunos como el Santo Grial.

Sea puntual : llegar tarde es como entrar en medio de una obra de Shakespeare y preguntar en voz alta en qué escena se encuentra . Trate de ser puntual en las reuniones, los plazos y, por supuesto, en el sagrado ritual del café de la mañana.

Planifique con anticipación : tenga en cuenta posibles retrasos. Salga antes de lo que crea necesario; Es mejor llegar temprano y ser admirado que llegar tarde y despreciado.

2.2 Códigos de vestimenta y sentido de la vestimenta

La vestimenta de oficina es un campo minado donde un paso en falso puede conducir a un desastre en la moda. La clave es integrarse y al mismo tiempo destacarse lo suficiente como para llamar la atención por las razones correctas.

Comprenda el código de vestimenta: ya sea formal de negocios, informal de negocios o "no estamos muy seguros de lo que somos", asegúrese de conocer las reglas.

En caso de duda, es mejor vestir un poco demasiado que mal.

Vístete para el éxito: elige atuendos que sean profesionales pero que también expresen tu personalidad. Piense en ello como un apretón de manos sartorial: firme, seguro y no demasiado sudoroso.

2.3 El delicado equilibrio de la política de oficina

La política de oficina <u>puede ser tan complicada</u> como una ronda de sillas musicales. Saber cuándo sentarse, cuándo levantarse y cuándo fingir que necesita ir al baño puede ser crucial.

Manténgase neutral : como Suiza, apunte a la neutralidad. Evite dejarse atrapar por camarillas o chismes. Mantenga sus opiniones para usted mismo y la calidad de su trabajo.

Sea amigable pero cauteloso : Sea cordial con todos pero recuerde que la confianza se gana. Una charla aparentemente inofensiva junto al dispensador de agua podría acabar en el boletín de la empresa.

2.4 El arte de la pequeña charla

La charla trivial es una habilidad subestimada que puede engrasar las ruedas de las relaciones profesionales. Bien hecho, marca la diferencia entre una agradable pausa para el café y un silencio incómodo.

Manténgalo ligero: temas como el clima, los planes para el fin de semana y los últimos programas de televisión son apuestas seguras. Evite la política, la religión y sus pensamientos sobre las cuestionables elecciones de moda de sus colegas.

Esté genuinamente interesado: escuche más de lo que habla. A la gente le encanta hablar de sí misma, así que haga preguntas y muestre interés en sus respuestas.

2.5 Reuniones de Masterización

Las reuniones pueden variar desde lluvias de ideas productivas hasta monólogos tediosos. Su función es asegurarse de que se inclinen por lo primero.

Esté preparado: venga con notas, preguntas y una comprensión clara de la agenda. Es como llevar una hoja de referencia a un examen: totalmente legal y muy eficaz.

Contribuya de manera significativa: hable, pero no domine la conversación. Ofrezca información que agregue valor, no solo por escuchar su propia voz.

2.6 Etiqueta del correo electrónico

El humilde correo electrónico es una herramienta poderosa, capaz de aclarar y confundir a partes iguales. Dominar la etiqueta del correo electrónico es esencial para la comunicación profesional.

Sea conciso : respete el tiempo de su lector. Vaya al grano rápidamente y guarde las actualizaciones de la novela para su blog personal.

Verifique antes de enviar: revise si hay errores ortográficos y gramaticales. Un correo electrónico bien escrito es como un traje bien confeccionado: elegante, profesional y es poco probable que lo avergüence.

2.7 El enigma de la oficina de planta abierta

Las oficinas de planta abierta son como vivir en una pecera comunitaria. La privacidad es un lujo y el ruido es un hecho. Navegar en este entorno requiere tacto y un buen par de auriculares con cancelación de ruido.

Respeta el espacio personal: Sólo porque puedas ver a todos no significa que debas invadir su espacio. Toca puertas imaginarias antes de iniciar conversaciones.

Cuide sus niveles de ruido: mantenga la voz baja durante las llamadas telefónicas y evite los refrigerios ruidosos y crujientes. Tus compañeros te lo agradecerán y evitarás convertirte en el paria de la oficina.

2.8 La etiqueta en la cocina

La cocina office es un espacio comunitario y debe tratarse con el respeto habitualmente reservado a un baño compartido.

Limpia lo que ensucias: dejar los platos sucios es una forma segura de ganarte enemigos. Si se derrama, límpielo. Si se te acaba la leche, reemplázala.

Etiquete su comida: a menos que le guste jugar a la ruleta culinaria con su almuerzo, marque claramente su comida.

Y, por amor a todo lo sagrado, evite recalentar pescado en el microondas.

Conclusión : Etiqueta con un toque de ingenio

Dominar la etiqueta de la oficina con un toque de humor le permitirá navegar por el panorama profesional con elegancia y un poco de diversión.

Si eres puntual, te vistes apropiadamente, manejas la política con cuidado y dominas las sutilezas de la comunicación, no sólo encajarás sino que también destacarás por todas las razones correctas.

Recuerde, una sonrisa y un toque de ingenio británico pueden suavizar muchos pasos en falso.

Entonces, adelante y conquista la oficina con encanto, aplomo y solo un toque de descaro. ¡Salud!

Capítulo 3: Ofrecer excelencia sin hacer demasiadas promesas

En el lugar de trabajo, las promesas son como paraguas en el clima británico: esenciales, pero propensas a olvidarse o romperse. Ofrecer excelencia y al mismo tiempo gestionar las expectativas es una danza delicada que puede afectar significativamente su reputación profesional.

En este capítulo, exploraremos cómo establecer metas realistas, cumplir promesas y construir una reputación de confiabilidad sin el exceso de entusiasmo que puede conducir a una decepción inevitable.

3.1 Establecer expectativas realistas

El primer paso para ofrecer excelencia es conocer sus límites. Prometer demasiado puede parecer una vía rápida para impresionar a su jefe, pero a menudo resulta en estrés, agotamiento y expectativas no cumplidas.

Evalúe su carga de trabajo: antes de comprometerse con una nueva tarea o proyecto, evalúe su carga de trabajo actual.

Comprenda su capacidad y evite asumir más de lo que puede manejar.

Comuníquese con claridad : sea transparente acerca de lo que puede lograr de manera realista.

Es mejor prometer menos y cumplir más que prepararse para el fracaso.

Negociar plazos : si un plazo no es realista, negocie por más tiempo. Explique por qué la extensión resultará en un trabajo de mejor calidad. La mayoría de los jefes aprecian la honestidad en lugar de problemas de último momento.

3.2 Priorizar tareas de forma eficaz

Para ofrecer excelencia, es necesario priorizar las tareas en función de su importancia y plazos. Esto garantiza que las tareas críticas reciban la atención que merecen.

Utilice una matriz de prioridades: categorice las tareas en cuatro cuadrantes: urgente e importante, importante pero no urgente, urgente pero no importante y ni urgente ni importante.

Concéntrese en las dos primeras categorías.

Divida tareas grandes : divida proyectos complejos en tareas más pequeñas y manejables.

Esto los hace menos desalentadores y le permite realizar un seguimiento del progreso de forma eficaz.

Manténgase organizado : utilice herramientas como listas de tareas pendientes, calendarios y software de gestión de proyectos para realizar un seguimiento de los plazos y los hitos.

3.3 La importancia del seguimiento

La confiabilidad se basa en un seguimiento constante. Sus colegas y su jefe necesitan saber que pueden contar con usted para completar las tareas según lo prometido.

Cumplir con los plazos : intente completar las tareas antes de la fecha límite. Si surgen circunstancias imprevistas, comuníquese con prontitud y proporcione un cronograma revisado.

Proporcionar actualizaciones : actualice periódicamente a su jefe y a su equipo sobre su progreso. Esto mantiene a todos informados y permite realizar ajustes si es necesario.

Sea responsable : si comete un error, reconózcalo. Discúlpate, corrígelo y toma medidas para evitar que vuelva a suceder. La rendición de cuentas genera confianza.

3.4 Luchando por la mejora continua

Ofrecer excelencia no es un logro aislado, sino un compromiso continuo. La mejora continua garantiza que usted siga siendo valioso y relevante en su función.

Busque comentarios: solicite periódicamente comentarios a su jefe y colegas. Utilice esta información para identificar áreas de mejora y perfeccionar sus habilidades.

Invierta en aprendizaje: manténgase actualizado con las tendencias de la industria y busque continuamente oportunidades de desarrollo profesional. Asista a talleres, tome cursos y lea literatura relevante.

Reflexionar sobre el desempeño : después de completar un proyecto, tómate un tiempo para reflexionar sobre lo que salió bien y lo que podría haber sido mejor.

Utilice estos conocimientos para mejorar el rendimiento futuro.

3.5 Equilibrio entre calidad y eficiencia

La excelencia requiere un equilibrio entre calidad y eficiencia.

Si bien es importante producir un trabajo de alta calidad, es igualmente esencial hacerlo dentro de plazos razonables.

Establezca estándares de calidad : defina cómo se ve la excelencia para cada tarea o proyecto. Esto proporciona un punto de referencia claro por el que luchar.

Evite el perfeccionismo : el perfeccionismo puede provocar retrasos innecesarios. Apunte a un trabajo de alta calidad, pero reconozca cuándo algo es lo suficientemente bueno para cumplir con los estándares requeridos.

Agiliza los procesos : busca formas de hacer más eficientes tus procesos de trabajo. Esto podría implicar automatizar tareas repetitivas, utilizar plantillas o adoptar nuevas herramientas y tecnologías.

3.6 Gestión de las expectativas de las partes interesadas

Gestionar las expectativas de su jefe, colegas y clientes es crucial para mantener una reputación de excelencia.

Aclare los requisitos: al inicio de un proyecto, asegúrese de comprender completamente los requisitos y expectativas. Haga preguntas y solicite aclaraciones si es necesario.

Establezca cronogramas realistas : proporcione cronogramas que tengan en cuenta posibles retrasos y desafíos imprevistos. Sea realista en lugar de demasiado optimista.

Comuníquese de forma proactiva: mantenga a las partes interesadas informadas sobre su progreso y cualquier problema potencial. La comunicación proactiva evita sorpresas y genera confianza.

3.7 Construir una reputación de confiabilidad

Su reputación profesional se basa en su capacidad para entregar constantemente trabajo de alta calidad a tiempo. Construir una reputación de confiabilidad requiere tiempo y esfuerzo, pero vale la pena en términos de éxito profesional a largo plazo.

Sea coherente : la coherencia es clave para generar confiabilidad. Asegúrese de que su rendimiento se mantenga alto en todas las tareas y proyectos.

Sea confiable : sus colegas y jefes deben saber que pueden confiar en usted en caso de apuro. Sea la persona que da un paso adelante cuando es necesario y cumple lo prometido.

<u>**Generar confianza:**</u> La confianza es la base de las relaciones profesionales. Sea honesto, transparente y comprometido con su trabajo para generar y mantener la confianza con su jefe y su equipo.

Conclusión: el equilibrio de la excelencia

Ofrecer excelencia sin hacer demasiadas promesas es un equilibrio delicado.

Requiere establecimiento de objetivos realistas, priorización efectiva, seguimiento constante y compromiso con la mejora continua.

Al gestionar las expectativas de las partes interesadas y construir una reputación de confiabilidad, puede lograr el éxito profesional mientras mantiene su cordura y mantiene a su jefe fuera de terapia.

Recuerde, la excelencia no se trata de hacer más, sino de hacer lo que hace excepcionalmente bien.

Así que apunta alto, pero mantén siempre un pie en el suelo. ¡Salud por alcanzar la excelencia con gracia y un toque de humor!

Capítulo 4: Técnicas de comunicación efectivas

La comunicación es el alma de cualquier organización y dominar el arte de la comunicación eficaz puede diferenciarlo de sus colegas.

En este capítulo, exploraremos varias técnicas para mejorar sus habilidades de comunicación, asegurando que sus mensajes sean claros, concisos e impactantes.

Con un toque de humor, navegaremos por los entresijos de la comunicación en el lugar de trabajo.

4.1 El poder de la escucha activa

La comunicación eficaz no se trata sólo de hablar; se trata igualmente de escuchar.

La escucha activa implica concentrarse completamente en el hablante, comprender su mensaje y responder pensativamente.

Preste total atención: cuando alguien esté hablando, concéntrese completamente en él.

Guarde las distracciones como teléfonos o computadoras portátiles. Piense en ello como darles el trato real.

Demuestre que está escuchando: utilice señales no verbales como asentir, mantener contacto visual e inclinarse ligeramente hacia adelante. Estos gestos demuestran que estás comprometido.

Reflexionar y aclarar : Parafrasear lo que el hablante ha dicho para confirmar la comprensión.

Por ejemplo, "Entonces, si entendí correctamente, estás diciendo que..." Esto no solo demuestra que estás prestando atención, sino que también ayuda a aclarar cualquier posible malentendido.

4.2 El arte de hablar claro y conciso

Ya sea que esté presentando en una reunión o manteniendo una conversación individual, la claridad y la concisión son cruciales.

Conozca a su audiencia: adapte su lenguaje y nivel de detalle a su audiencia. Explicar un proyecto a un compañero experto requiere un enfoque diferente que explicárselo a un recién llegado.

Vaya al grano : evite la jerga innecesaria y las explicaciones extensas. Sea directo y directo, como un buen chiste.

Utilice la estructura: organice sus pensamientos antes de hablar.

Comience con una breve descripción, seguida de puntos clave y concluya con un resumen. Esto ayuda a los oyentes a seguir su línea de pensamiento.

4.3 Dominar la comunicación no verbal

Su lenguaje corporal, expresiones faciales y tono de voz pueden afectar significativamente la forma en que se recibe su mensaje.

Mantenga una buena postura: párese o siéntese derecho. Una buena postura irradia confianza y profesionalismo.

Cuide sus expresiones faciales: asegúrese de que sus expresiones faciales coincidan con sus palabras. Una sonrisa puede ser de gran ayuda para que su comunicación sea más placentera.

Controla tu tono: El tono de tu voz transmite emociones y actitudes.

Trate de mantener un tono tranquilo y firme, evitando la monotonía y el entusiasmo excesivo que podrían parecer poco sinceros.

4.4 La palabra escrita: correos electrónicos e informes

La comunicación escrita es un elemento básico en el lugar de trabajo. Es fundamental dominar el arte de redactar informes y correos electrónicos claros, concisos y profesionales.

Comience con una línea de asunto clara : su línea de asunto debe ser específica e informativa. Establece el tono de tu correo electrónico y ayuda al destinatario a priorizarlo.

Sea conciso : mantenga sus correos electrónicos e informes al grano. Utilice viñetas o listas numeradas para facilitar la lectura y evitar detalles innecesarios.

Corrija: revise siempre su escritura en busca de errores ortográficos y gramaticales.

Un correo electrónico o un informe bien redactado refleja profesionalismo y atención al detalle.

4.5 Comentarios constructivos: dar y recibir

Proporcionar y recibir comentarios es una parte crucial del crecimiento profesional. Si se hace correctamente, puede generar mejoras significativas y relaciones laborales más sólidas.

Sea específico : al brindar comentarios, sea específico sobre lo que se hizo bien o lo que necesita mejorar. Evite comentarios vagos como "buen trabajo" o "necesita trabajo".

Concéntrese en el comportamiento, no en la persona: aborde acciones o comportamientos específicos en lugar de hacerlo personal. Por ejemplo, "Me di cuenta de que no cumpliste con la fecha límite" en lugar de "Siempre llegas tarde".

Utilice el método "sándwich": comience con comentarios positivos, seguidos de críticas constructivas y termine con otro comentario positivo.

Esto ayuda a suavizar el impacto y hace que el destinatario sea más receptivo.

Esté abierto a la retroalimentación: cuando reciba retroalimentación, escuche sin interrumpir, pida aclaraciones si es necesario y agradezca a quien la da por sus ideas.

Reflexione sobre los comentarios y utilícelos para mejorar.

4.6 El poder de las preguntas

Hacer las preguntas correctas puede aclarar malentendidos, recopilar la información necesaria y demostrar su interés y compromiso.

Preguntas abiertas : fomentan respuestas detalladas y debates más profundos.

Por ejemplo, "¿Qué piensas de este proyecto?" en lugar de "¿Te gusta este proyecto?"

Preguntas cerradas: utilícelas cuando necesite información específica. Por ejemplo, "¿Completaste el informe?" en lugar de "¿Cómo va el informe?"

Preguntas de seguimiento : demuestre que está escuchando e interesado haciendo preguntas de seguimiento basadas en las respuestas del orador.

4.7 Navegando conversaciones difíciles

Las conversaciones difíciles son inevitables en el lugar de trabajo. Manejarlos con gracia y tacto puede resolver conflictos y fortalecer las relaciones.

Prepárese con anticipación : piense detenidamente lo que quiere decir, anticipe posibles reacciones y planifique cómo responderá.

Mantén la calma : Mantén tus emociones bajo control y mantén la compostura. Si la conversación se vuelve acalorada, tómate un momento para respirar y volver a concentrarte.

Centrarse en las soluciones : en lugar de insistir en el problema, dirija la conversación hacia la búsqueda de una solución.

Esto demuestra que es proactivo y está comprometido con resultados positivos.

Conclusión: comunicación con una pizca de ingenio

La comunicación eficaz es un arte que combina la escucha activa, el habla clara y la escritura reflexiva.

Al dominar estas técnicas, podrá asegurarse de que sus mensajes sean comprendidos y respetados, fomentando relaciones profesionales más sólidas.

Recuerde, un toque de humor puede hacer que su comunicación sea más atractiva y memorable. Así que habla claro, escucha activamente y ten siempre a mano un buen chiste.

¡Salud por dominar las sutilezas de la comunicación en el lugar de trabajo!

Capítulo 5: Manejar los conflictos con gracia

El conflicto en el lugar de trabajo es tan inevitable como la lluvia en Londres. Sin embargo, la forma en que maneje estos conflictos puede definir sus relaciones profesionales y su trayectoria profesional.

Este capítulo lo guiará a través del arte de manejar los conflictos con gracia, asegurándose de salir ileso y tal vez incluso más fuerte.

Con un toque de humor, exploraremos estrategias prácticas para convertir posibles guerras en el lugar de trabajo en resoluciones pacíficas.

5.1 Comprender la naturaleza del conflicto

Antes de sumergirse en la resolución de conflictos, es fundamental comprender por qué surgen los conflictos. Reconocer las causas fundamentales puede ayudarle a abordarlas de forma más eficaz.

Perspectivas diversas : diferentes orígenes, experiencias y puntos de vista pueden dar lugar a malentendidos.

Fallos en la comunicación : la falta de comunicación o la falta de comunicación a menudo provoca conflictos.

Competencia de recursos : pueden surgir conflictos cuando los miembros del equipo compiten por recursos limitados, como tiempo, presupuesto o reconocimiento.

Choques de personalidad : A veces, las personalidades simplemente no encajan. Reconocer esto puede ayudarle a abordar el conflicto con empatía.

5.2 Mantenga la calma y continúe

Cuando te enfrentas a un conflicto, mantener la compostura es crucial. Reaccionar impulsivamente puede agravar la situación.

Respira profundamente : antes de responder, tómate un momento para respirar y ordenar tus pensamientos.

Esto le ayuda a mantener la calma y responder racionalmente.

Mantenga las emociones bajo control : mantenga la compostura y evite alzar la voz o utilizar un lenguaje corporal agresivo.

Una conducta tranquila puede aliviar la tensión.

Practique la paciencia: a veces, darle un poco de tiempo a la situación puede permitir que prevalezca la cabeza fría.

No se apresure a resolver el conflicto en el calor del momento.

5.3 Escucha activa: el camino hacia la comprensión

La escucha activa es una herramienta poderosa en la resolución de conflictos. Muestra respeto y te ayuda a comprender la perspectiva de la otra persona.

Preste toda su atención: concéntrese en el hablante y evite interrumpir.

<u>Esto demuestra que valoras sus aportaciones.</u>

Reconoce sus sentimientos : utiliza frases como "Entiendo que estás molesto" para validar sus emociones.

Aclare y reflexione: parafrasee sus puntos para asegurarse de haber entendido correctamente. Por ejemplo: "Entonces, ¿estás diciendo que te sentiste ignorado en la reunión?".

5.4 Encontrar puntos en común

En cualquier conflicto, suele haber algún interés compartido o terreno común. Identificar esto puede ayudar a avanzar hacia una resolución.

Centrarse en objetivos compartidos: Enfatice los objetivos comunes, como el éxito del proyecto o del equipo.

Esto ayuda a cambiar el enfoque de las diferencias personales a los objetivos colectivos.

Busque un compromiso: busque soluciones que aborden las preocupaciones de ambas partes. El compromiso no significa renunciar a su posición, sino encontrar un término medio.

Esté abierto a soluciones alternativas : a veces, el pensamiento creativo puede descubrir soluciones que satisfagan las necesidades de todos.

5.5 Abordar el problema, no la persona

Los conflictos a menudo se vuelven personales, lo que puede dificultar la resolución. Concéntrese en el problema en cuestión, no en el individuo.

Evite la culpa: utilice declaraciones en primera persona en lugar de en forma de " tú " para evitar sonar acusatorio. Por ejemplo, "Me sentí preocupado cuando..." en lugar de "Me hiciste sentir...".

Discuta comportamientos, no personalidades: aborde acciones o comportamientos específicos en lugar de atacar el carácter de la persona. Por ejemplo, "El informe llegó tarde", no "Siempre llegas tarde".

Manténgase objetivo: Cíñete a los hechos y evita que las emociones nublen tu juicio.

5.6 La importancia de disculparse

Una disculpa, cuando está justificada, puede ser de gran ayuda para resolver conflictos. Muestra humildad y voluntad de seguir adelante.

Sea sincero: una disculpa genuina puede reparar muchos puentes. Evite las disculpas poco sinceras o a regañadientes, ya que pueden hacer más daño que bien.

Asuma la responsabilidad: asuma su parte en el conflicto. Esto da un ejemplo positivo y anima a otros a hacer lo mismo.

Ofrezca soluciones: junto con sus disculpas, sugiera formas de evitar problemas similares en el futuro.

5.7 Cuándo buscar ayuda

A veces, los conflictos no pueden resolverse entre las partes involucradas y pueden requerir intervención externa.

Sepa cuándo escalar: si el conflicto es grave o persistente, puede ser necesario involucrar a un gerente o a RR.HH.

Esto debe hacerse cuidadosamente y no como primer recurso.

Mediación: un tercero neutral puede ayudar a facilitar una discusión constructiva y encontrar una resolución.

Siga los procedimientos de la empresa: conozca las políticas de su empresa para la resolución de conflictos y siga los pasos adecuados.

5.8 Avanzando

Una vez que se resuelve un conflicto, es importante avanzar de manera positiva y constructiva.

Deja ir los rencores : Aferrarse al resentimiento puede afectar negativamente tu trabajo y tus relaciones. Esfuércese por perdonar y centrarse en el futuro.

Construya relaciones más sólidas: utilice el proceso de resolución como una oportunidad para fortalecer sus relaciones profesionales. Muestre aprecio por la voluntad de la otra parte de resolver el problema.

Aprende de la experiencia : Reflexiona sobre qué causó el conflicto y qué podrías hacer diferente en el futuro. La mejora continua es clave para prevenir problemas similares.

Conclusión: Gracia bajo presión

Manejar los conflictos con gracia es una habilidad vital que puede mejorar significativamente sus relaciones profesionales y sus perspectivas profesionales.

Si mantiene la calma, escucha activamente, encuentra puntos en común y se centra en el problema en lugar de en la persona, podrá afrontar los conflictos con tacto y aplomo.

Recuerde, cada conflicto es una oportunidad para aprender, crecer y mejorar sus habilidades interpersonales.

Con un toque de humor y mucha paciencia, puedes convertir los conflictos laborales en peldaños hacia el éxito. ¡Salud por manejar los conflictos con gracia y delicadeza!

Capítulo 6: Equilibrar la ambición con la humildad

La ambición nos impulsa a lograr grandes cosas, pero sin humildad puede llevarnos a la arrogancia y al aislamiento.

Lograr el equilibrio adecuado entre ambición y humildad es crucial para el éxito sostenible y las relaciones profesionales positivas.

En este capítulo, exploraremos cómo perseguir sus objetivos profesionales con determinación mientras se mantiene firme y accesible.

6.1 La importancia de la humildad en el lugar de trabajo

La humildad no se trata de restar importancia a tus logros sino de reconocer que todos tienen algo que aportar. Fomenta la colaboración, el aprendizaje y el respeto.

Reconocer las contribuciones de los demás: dar crédito a quien corresponde. Reconozca los esfuerzos de sus colegas y celebre los éxitos del equipo.

Esté abierto a la retroalimentación : acepte amablemente las críticas constructivas y utilícelas para mejorar. Esto demuestra que estás comprometido con el crecimiento y el aprendizaje personal.

Admita errores : cuando cometa un error, reconózcalo. Discúlpate, aprende de la experiencia y sigue adelante.

Esto genera confianza y respeto entre sus pares.

6.2 Ambición: el combustible del éxito

La ambición es el impulso que te empuja a establecer metas, trabajar duro y alcanzar el éxito. Sin embargo, es importante canalizar este impulso de manera constructiva.

Establece metas claras : define tus objetivos profesionales y crea una hoja de ruta para alcanzarlos. Esto le ayudará a mantenerse concentrado y motivado.

Busque oportunidades de crecimiento : busque formas de desarrollar nuevas habilidades y asumir proyectos desafiantes. La ambición debe consistir en aprender y mejorar constantemente.

Sea persistente: la ambición requiere resiliencia. Manténgase comprometido con sus objetivos, incluso cuando enfrente obstáculos.

6.3 Equilibrar la autopromoción con la modestia

Promocionar sus logros es esencial para avanzar en su carrera, pero debe hacerlo con tacto para evitar parecer jactancioso.

Comparta sus éxitos: encuentre oportunidades adecuadas para resaltar sus logros. Esto podría ocurrir durante evaluaciones de desempeño, reuniones de equipo o en su currículum.

Concéntrese en el impacto : cuando hable de sus logros, enfatice el impacto positivo que tuvieron en el equipo u organización. Esto demuestra que su éxito está alineado con objetivos más amplios.

Sea modesto: evite exagerar sus contribuciones. Deja que tu trabajo hable por sí mismo y deja que otros reconozcan tus esfuerzos.

6.4 Construyendo relaciones sólidas

El éxito profesional suele basarse en relaciones sólidas. Equilibrar la ambición con la humildad le ayuda a establecer conexiones genuinas con colegas y mentores.

Muestre interés genuino: tómese el tiempo para comprender las perspectivas, los desafíos y los éxitos de sus colegas. Esto fomenta el respeto mutuo y la camaradería.

Ofrezca ayuda: esté dispuesto a ayudar a los demás, incluso cuando no le beneficie directamente. Esta generosidad genera buena voluntad y fortalece su red.

Busque tutoría: encuentre mentores que puedan guiarlo en su carrera. Sea humilde al buscar consejo y muestre agradecimiento por su apoyo.

6.5 Liderar con humildad

A medida que avanza en su carrera, liderar con humildad se vuelve aún más importante. Fomenta un ambiente de trabajo positivo e inspira a su equipo.

Empodere a otros : delegue tareas y confíe en su equipo para cumplirlas. Empoderar a otros demuestra que valoras sus habilidades y contribuciones.

Escuche activamente : fomente la comunicación abierta y escuche las ideas e inquietudes de su equipo. Esto crea una atmósfera colaborativa e inclusiva.

Predica con el ejemplo : Demuestra humildad en tus acciones. Admita cuando no sepa algo, busque la opinión de los demás y esté dispuesto a aprender de su equipo.

6.6 Mantenerse firme en medio del éxito

El éxito a veces puede conducir a la arrogancia si no se gestiona con cuidado. Mantenerse firme es esencial para el crecimiento profesional a largo plazo y las relaciones positivas.

Recuerda tus raíces : reflexiona sobre tu viaje y las personas que te ayudaron en el camino. Esto te mantiene humilde y agradecido.

Manténgase conectado con sus valores: mantenga un fuerte sentido de integridad y comportamiento ético, independientemente de sus logros.

Siga aprendiendo: el éxito no debe conducir a la complacencia. Buscar continuamente oportunidades para aprender y crecer, reconociendo que siempre hay más que lograr.

6.7 Los beneficios de equilibrar la ambición y la humildad

Encontrar el equilibrio adecuado entre ambición y humildad ofrece numerosos beneficios, tanto a nivel personal como profesional.

Relaciones mejoradas : la humildad fomenta el respeto y la confianza, lo que conduce a relaciones profesionales más sólidas.

Éxito sostenible: la ambición te impulsa a lograr, mientras que la humildad te asegura construir una red de apoyo que sustenta tu éxito.

Crecimiento personal: Equilibrar la ambición y la humildad fomenta el aprendizaje continuo y la superación personal.

Conclusión: la armonía entre la ambición y la humildad

Equilibrar la ambición con la humildad es clave para lograr el éxito a largo plazo y fomentar relaciones positivas en el lugar de trabajo. La ambición te impulsa a establecer y alcanzar metas, mientras que la humildad te mantiene firme y abierto al aprendizaje.

Al reconocer las contribuciones de los demás, buscar comentarios y construir relaciones sólidas, podrá perseguir sus aspiraciones profesionales con gracia e integridad.

Recuerde, el verdadero éxito no se trata sólo de llegar a la cima, sino de cómo llegar allí y del impacto que tiene en quienes le rodean. ¡Salud por encontrar el equilibrio perfecto y lograr grandes cosas con humildad y ambición!

Capítulo 7: Manejar el estrés y mantener el bienestar

En el ajetreo y el bullicio del lugar de trabajo moderno, el estrés es tan común como una taza de té en un hogar británico. Sin embargo, el estrés crónico puede tener graves implicaciones para la salud física y mental.

Este capítulo profundizará en estrategias prácticas para controlar el estrés y mantener el bienestar, asegurando que se mantenga saludable y productivo sin enviar a su jefe (o a usted mismo) a terapia. Y, por supuesto, le añadiremos un poco de humor para mantener las cosas ligeras.

7.1 Reconocer los signos de estrés

El primer paso para controlar el estrés es reconocer cuándo le está afectando. A menudo, los signos pueden ser sutiles y pasarse por alto fácilmente.

Síntomas físicos : los dolores de cabeza, la tensión muscular, la fatiga y los cambios en los patrones de sueño pueden ser indicadores de estrés.

Signos emocionales: el aumento de la irritabilidad, la ansiedad, los cambios de humor y la sensación de estar abrumado son respuestas emocionales comunes al estrés.

Cambios de comportamiento: esté atento a cambios en su comportamiento, como un mayor ausentismo, procrastinación o una disminución en el desempeño laboral.

7.2 Técnicas de manejo del estrés

Una vez que haya reconocido los signos del estrés, es fundamental adoptar técnicas efectivas de manejo del estrés para mantener su bienestar.

Priorice las tareas : utilice herramientas como listas de tareas pendientes y matrices de prioridades para organizar sus tareas. Concéntrese en completar primero las tareas de alta prioridad para reducir la sensación de sentirse abrumado.

Tome descansos : los descansos regulares pueden ayudar a refrescar la mente y mejorar la productividad.

Incluso una caminata corta o unos minutos de respiración profunda pueden marcar una diferencia significativa.

Practique la atención plena: técnicas como la meditación, los ejercicios de respiración profunda y el yoga pueden ayudar a reducir el estrés y aumentar la concentración.

Las aplicaciones de atención plena también pueden guiarte a través de estas prácticas.

Manténgase activo: la actividad física es un calmante comprobado para el estrés.

Ya sea una caminata rápida, una sesión de gimnasio o un poco de jardinería, mantenerse activo puede ayudar a despejar la mente.

7.3 Mantener un equilibrio saludable entre la vida personal y laboral

Lograr un equilibrio saludable entre el trabajo y la vida privada es crucial para el bienestar a largo plazo.

Se trata de asegurarse de tener tiempo tanto para las responsabilidades laborales como para los intereses personales.

Establece límites : define claramente tus horas de trabajo y respétalas. Evite consultar correos electrónicos o atender llamadas fuera de este horario.

Desconéctese con regularidad: Tómese el tiempo para desconectarse de la tecnología relacionada con el trabajo. Utilice su tiempo libre para realizar actividades que disfrute y que le ayuden a relajarse.

Priorice el tiempo personal : programe tiempo para pasatiempos, actividades sociales y relajación.

Trata estas citas con la misma importancia que las reuniones de trabajo.

Aprenda a decir no : está bien rechazar un trabajo adicional si compromete su bienestar. Comunique sus límites de forma educada pero firme.

7.4 Construyendo una red de apoyo

Tener una red de apoyo sólida puede ayudar significativamente a controlar el estrés.

Rodéate de personas que puedan brindarte apoyo emocional y consejos prácticos.

Conéctese con colegas : establezca relaciones positivas con sus colegas. Tener un equipo de apoyo puede marcar una gran diferencia en la forma de manejar el estrés relacionado con el trabajo.

Busque tutoría : encuentre mentores que puedan ofrecerle orientación y apoyo. Su experiencia puede proporcionar información valiosa sobre cómo gestionar el estrés y afrontar los desafíos.

Háblelo: no dude en hablar sobre su estrés con amigos de confianza, familiares o un consejero profesional. A veces, simplemente hablar de sus sentimientos puede proporcionar alivio.

7.5 El papel de los empleadores en el manejo del estrés

Los empleadores desempeñan un papel fundamental en el fomento de un entorno laboral de apoyo que minimice el estrés. Así es como pueden ayudar:

Promover el equilibrio entre la vida personal y laboral: anime a los empleados a tomar descansos regulares, aprovechar sus días de vacaciones y mantener un equilibrio saludable entre la vida personal y laboral.

Proporcionar recursos: Ofrezca recursos como programas de bienestar, apoyo para la salud mental y talleres de manejo del estrés.

Cree una cultura de apoyo: fomente una cultura laboral inclusiva y de apoyo donde los empleados se sientan cómodos hablando de su estrés y buscando ayuda.

Reconocer y recompensar: reconocer y recompensar el arduo trabajo de los empleados. El reconocimiento puede elevar la moral y reducir el estrés.

7.6 Prácticas de Bienestar Personal

Además de gestionar el estrés relacionado con el trabajo, es fundamental adoptar prácticas personales que mejoren el bienestar general.

Alimentación saludable: Mantenga una dieta equilibrada rica en frutas, verduras, proteínas magras y cereales integrales.

Evite el exceso de cafeína y los refrigerios azucarados, ya que pueden contribuir al estrés.

Sueño adecuado : intente dormir entre 7 y 9 horas de calidad cada noche. Establezca una rutina de sueño regular y cree un ambiente de sueño reparador.

Mantente hidratado : bebe mucha agua durante todo el día. La deshidratación puede afectar sus niveles de energía y su función cognitiva.

Practica la gratitud: cultiva el hábito de la gratitud reflexionando periódicamente sobre los aspectos positivos de tu vida.

Esto puede mejorar su estado de ánimo y su perspectiva general.

7.7 Adoptar una mentalidad positiva

Una mentalidad positiva puede afectar significativamente la forma en que maneja el estrés.

Cultive una perspectiva positiva para mejorar su resiliencia y bienestar.

Concéntrese en las soluciones: en lugar de insistir en los problemas, centre su atención en encontrar soluciones.

Este enfoque proactivo puede reducir los sentimientos de impotencia.

Celebra pequeñas victorias: Reconoce y celebra tus logros, por pequeños que sean.

Esto puede aumentar su confianza y motivación.

Manténgase optimista : mantenga una perspectiva optimista, incluso en situaciones desafiantes.

Creer que las cosas mejorarán puede ayudarle a afrontar el estrés de forma más eficaz.

Ríete a menudo: no subestimes el poder del humor. Una buena risa puede reducir las hormonas del estrés y aumentar las endorfinas, las sustancias químicas naturales del cuerpo que nos hacen sentir bien.

Conclusión: el equilibrio del bienestar

Manejar el estrés y mantener el bienestar es un proceso continuo que requiere esfuerzo consciente y autoconciencia.

Al reconocer los signos de estrés, adoptar técnicas de gestión efectivas, mantener un equilibrio saludable entre el trabajo y la vida personal, crear una red de apoyo y adoptar una mentalidad positiva, podrá afrontar los desafíos del lugar de trabajo sin comprometer su salud.

Capítulo 8: Planificación para el éxito a largo plazo

Si bien las tareas diarias y los objetivos a corto plazo son cruciales, tener una visión del éxito a largo plazo es lo que realmente impulsa tu carrera hacia adelante.

Este capítulo se centra en estrategias para establecer y alcanzar objetivos profesionales a largo plazo, garantizando que no sólo esté a la deriva sino que dirija su carrera hacia un destino próspero y satisfactorio.

Con un toque de humor, exploraremos cómo planificar mientras disfrutamos del viaje.

8.1 Establecer objetivos a largo plazo

El primer paso en la planificación para el éxito a largo plazo es establecer objetivos claros y alcanzables.

Estos objetivos deben alinearse con sus aspiraciones profesionales y valores personales.

Defina su visión: comience imaginando dónde quiere estar dentro de cinco, diez o veinte años. Considere sus logros profesionales, crecimiento personal y estilo de vida.

Establezca objetivos INTELIGENTES : asegúrese de que sus objetivos sean específicos, mensurables, alcanzables, relevantes y con plazos determinados. Esto proporciona un marco claro para seguir el progreso.

Divídalo : divida sus objetivos a largo plazo en hitos más pequeños y manejables.

Esto hace que el proceso sea menos desalentador y permite realizar comprobaciones periódicas del progreso.

8.2 Aprendizaje continuo y desarrollo de habilidades

En el entorno laboral actual que cambia rápidamente, el aprendizaje continuo es esencial para el éxito a largo plazo.

Mantenga sus habilidades relevantes y actualizadas.

Identifique lagunas de habilidades: evalúe periódicamente sus habilidades e identifique áreas de mejora. Podrían ser habilidades técnicas, habilidades interpersonales o conocimientos específicos de la industria.

Obtenga más educación: considere calificaciones, certificaciones o cursos adicionales que se alineen con sus objetivos profesionales.

Muchas instituciones ofrecen opciones de aprendizaje en línea que pueden adaptarse a una agenda apretada.

<u>Mantenga la curiosidad</u> : adopte una mentalidad de aprendizaje permanente. Lea publicaciones de la industria, asista a conferencias y participe en redes profesionales para mantenerse informado sobre tendencias y avances.

8.3 Construyendo una red profesional sólida

Su red profesional puede desempeñar un papel crucial en su éxito a largo plazo.

Cultive y mantenga relaciones que puedan respaldar el crecimiento de su carrera.

Asista a eventos de la industria: participe en conferencias, seminarios y talleres.

Estos eventos son excelentes oportunidades para conocer nuevos contactos y aprender de los líderes de la industria.

<u>**Únase a asociaciones profesionales**</u> : la membresía en organizaciones profesionales puede proporcionar recursos valiosos, oportunidades para establecer contactos y un sentido de comunidad.

Mantenga relaciones : manténgase en contacto con antiguos colegas, mentores y contactos de la industria. Los controles periódicos, ya sea a través de las redes sociales, correos electrónicos o reuniones de café, ayudan a mantener vivas las relaciones.

8.4 Búsqueda de tutoría y orientación

Los mentores pueden brindarle información, consejos y apoyo invaluables a lo largo de su trayectoria profesional. Busque mentores que puedan guiarlo hacia sus objetivos a largo plazo.

Identifique mentores potenciales: busque personas cuyas carreras admire y que tengan la experiencia y el conocimiento para brindar una orientación significativa.

Construya una relación de tutoría : Acérquese a los mentores potenciales con respeto y con una idea clara de lo que espera obtener de la relación.

Esté abierto a recibir comentarios y dispuesto a aprender.

Retribuir: a medida que avance en su carrera, considere asesorar a otros.

Compartir su conocimiento y experiencia puede ser increíblemente gratificante y ayuda a construir una comunidad profesional de apoyo.

8.5 Movimientos profesionales estratégicos

Tomar decisiones estratégicas sobre cambios de trabajo, ascensos y transiciones profesionales es esencial para el éxito a largo plazo. Planifique sus movimientos cuidadosamente para asegurarse de que se alineen con sus objetivos.

Evalúe las oportunidades: al considerar un nuevo trabajo o un ascenso, evalúe cómo encaja en su plan profesional a largo plazo.

Considere factores como la cultura de la empresa, el potencial de crecimiento y la alineación con sus valores.

Sea proactivo: no espere a que se le presenten oportunidades. Busque activamente roles y proyectos que se alineen con sus objetivos profesionales.

Tome riesgos calculados : a veces, lograr el éxito a largo plazo requiere salir de su zona de confort.

Esté dispuesto a asumir riesgos calculados que podrían conducir a importantes avances profesionales.

8.6 Equilibrio entre la vida profesional y personal

El éxito a largo plazo no se trata sólo de logros profesionales; también se trata de mantener un equilibrio saludable entre el trabajo y la vida personal.

Asegúrate de que tu plan de carrera permita la realización y el bienestar personal.

Establece límites : define claramente tus horas de trabajo y tu tiempo personal. Evite que el trabajo invada su vida personal.

Priorice el cuidado personal : dedique tiempo a actividades que promuevan el bienestar físico, mental y emocional. Esto podría ser ejercicio, pasatiempos o pasar tiempo con sus seres queridos.

Reflexiona regularmente : reflexiona periódicamente sobre tu carrera y tu vida personal para asegurarte de que estén en equilibrio.

Ajuste sus metas y planes según sea necesario para mantener la armonía.

8.7 Adaptarse al cambio

La flexibilidad y la adaptabilidad son cruciales para el éxito a largo plazo.

La capacidad de cambiar y ajustar sus planes en respuesta a los cambios en la industria o sus circunstancias personales puede mantenerlo encaminado.

Manténgase informado: manténgase al tanto de las tendencias de la industria, los avances tecnológicos y los cambios económicos que podrían afectar su carrera.

Esté abierto al cambio: acepte el cambio como una oportunidad de crecimiento en lugar de una amenaza.

Ser adaptable le permite afrontar desafíos inesperados con resiliencia.

Reevalúe sus objetivos : revise y ajuste periódicamente sus objetivos a largo plazo para reflejar nuevos conocimientos, experiencias y cambios en su vida profesional o personal.

Conclusión: un viaje de crecimiento continuo

La planificación para el éxito a largo plazo implica algo más que simplemente establecer objetivos ambiciosos; se trata de crear una trayectoria profesional sostenible y satisfactoria.

Al establecer objetivos claros, aprender continuamente, construir redes sólidas, buscar tutoría, tomar medidas estratégicas, equilibrar su vida profesional y personal y adaptarse al cambio, podrá navegar su carrera con confianza y propósito.

Recuerde, el éxito no es un destino sino un viaje de crecimiento y mejora continuos.

Así que traza tu rumbo, mantén el rumbo y disfruta del viaje. ¡Salud por su éxito a largo plazo y una carrera bien vivida!

9.0 Trabajar desde casa: navegar por la nueva normalidad

En los últimos años, el panorama laboral ha experimentado un cambio significativo, con un número cada vez mayor de profesionales que adoptan modalidades de trabajo remoto.

Ya sea que sea un trabajador remoto experimentado o nuevo en el concepto, este capítulo le brindará ideas y estrategias para prosperar en un entorno de trabajo desde casa.

Exploraremos cómo mantenernos productivos, mantener el equilibrio entre la vida laboral y personal y afrontar los desafíos únicos de trabajar desde casa.

9.1 Adoptar el estilo de vida del trabajo remoto

Trabajar desde casa ofrece flexibilidad y libertad, pero también requiere disciplina y adaptabilidad.

Adopte los siguientes consejos para aprovechar al máximo su experiencia de trabajo remoto:

Configure un espacio de trabajo dedicado: cree un área designada en su hogar donde pueda trabajar cómodamente y sin distracciones.

Esto ayuda a establecer límites entre el trabajo y la vida personal.

Siga una rutina : establezca una rutina diaria que refleje su jornada laboral tradicional. Esto incluye despertarse a una hora determinada, vestirse y comenzar a trabajar a una hora determinada.

Comuníquese de forma proactiva : manténgase conectado con su equipo a través de canales de comunicación habituales.

Utilice videollamadas, mensajería instantánea y correo electrónico para mantenerse actualizado sobre los proyectos y colaborar de manera efectiva.

9.2 Mantener la productividad y el enfoque

Mantener la productividad puede ser un desafío en un ambiente hogareño. Implemente estas estrategias para mantenerse concentrado y productivo durante todo el día:

Establezca objetivos diarios : describa sus tareas y prioridades al comienzo de cada día. Divida los proyectos más grandes en tareas más pequeñas y manejables para mantener el impulso.

<u>**Minimiza las distracciones**</u> : identifica posibles distracciones en tu entorno y toma medidas para mitigarlas. Esto podría implicar desactivar las notificaciones, establecer límites con los miembros de la familia o usar auriculares con cancelación de ruido.

Tome descansos regulares : programe descansos breves a lo largo del día para descansar y recargar energías. Aprovecha este tiempo para estirarte, caminar o disfrutar de una taza de té para refrescar tu mente.

9.3 Equilibrio entre el trabajo y la vida personal

Uno de los desafíos clave de trabajar desde casa es mantener un equilibrio saludable entre el trabajo y la vida personal.

Utilice estas estrategias para asegurarse de priorizar tanto las responsabilidades profesionales como el bienestar personal:

Establezca límites: defina límites claros entre el trabajo y la vida personal. S

Establecer horarios de trabajo específicos y evitar tareas relacionadas con el trabajo fuera de estos horarios.

Cree rituales: desarrolle rituales que señalen el comienzo y el final de su jornada laboral. Esto podría implicar cerrar su computadora portátil, salir a caminar o dedicarse a un pasatiempo para realizar la transición entre el modo de trabajo y el tiempo personal.

Programe tiempo personal: reserve tiempo en su agenda para actividades que promuevan la relajación y el disfrute.

Ya sea ejercicio, pasatiempos o pasar tiempo con sus seres queridos, priorice el cuidado personal.

9.4 Aprovechamiento de la tecnología para la colaboración remota

La comunicación y colaboración efectivas son esenciales para los equipos remotos.

Explore estas tecnologías para mejorar la colaboración y la productividad:

Videoconferencia: utilice plataformas como Zoom o Microsoft Teams para reuniones virtuales, presentaciones y debates en equipo.

Las videollamadas ayudan a mantener una sensación de conexión y compromiso.

Herramientas de gestión de proyectos : utilice herramientas como Trello, Asana o Monday.com para realizar un seguimiento de las tareas, los plazos y el progreso del proyecto.

Estas plataformas facilitan la transparencia y la responsabilidad dentro de los equipos remotos.

Aplicaciones de mensajería instantánea : manténgase conectado en tiempo real con colegas utilizando herramientas como Slack, Microsoft Teams o WhatsApp. La mensajería instantánea fomenta la comunicación y la colaboración rápidas en asuntos urgentes.

9.5 Superar desafíos y mantenerse motivado

Trabajar desde casa presenta desafíos únicos, desde el aislamiento hasta límites borrosos. Manténgase motivado y resiliente con estas estrategias:

Combata el aislamiento: manténgase conectado con sus colegas a través de pausas para el café virtuales, actividades de formación de equipos o charlas informales.

La interacción social ayuda a combatir los sentimientos de soledad.

Busque apoyo: comuníquese con su gerente o departamento de recursos humanos si encuentra desafíos o necesita recursos adicionales.

Pueden brindarle orientación y apoyo para mejorar su experiencia de trabajo remoto.

Celebre los logros: reconozca sus logros e hitos, por pequeños que sean.

Celebrar los éxitos aumenta la moral y mantiene la motivación a lo largo del tiempo.

9.6 Adaptarse al futuro del trabajo

El futuro del trabajo está evolucionando rápidamente y es probable que el trabajo remoto siga siendo un aspecto importante de la vida de muchos profesionales.

Manténgase adaptable y preparado para los cambios en la dinámica y las expectativas laborales:

Manténgase informado : manténgase al tanto de las tendencias de la industria y los avances en tecnologías de trabajo remoto.

El aprendizaje continuo garantiza que siga siendo competitivo y adaptable.

La flexibilidad es clave: adopte la flexibilidad en su enfoque del trabajo.

Esté abierto a nuevas formas de colaborar, comunicarse y obtener resultados en un entorno de trabajo remoto o híbrido.

Defiéndete a ti mismo: comunica tus preferencias y necesidades con respecto a los acuerdos de trabajo remoto con tu empleador.

Abogar por políticas y prácticas que apoyen un equilibrio saludable entre el trabajo y la vida personal.

9.7 Desempeñarse bien en un trabajo de oficina mientras trabaja desde casa y mantener una buena relación con su jefe requiere una combinación de comunicación eficaz, gestión del tiempo y comportamiento profesional. Aquí hay algunas estrategias que lo ayudarán a sobresalir:

1. Comunicación efectiva:

Actualizaciones periódicas:

Proporcione actualizaciones periódicas sobre su progreso a través de correos electrónicos o una herramienta de gestión de proyectos. Esto mantiene a su jefe informado y tranquilo sobre su productividad.

Registros programados:

Programe reuniones individuales periódicas con su jefe para analizar su progreso, los desafíos que enfrenta y recibir comentarios.

Disponibilidad:

Asegúrese de estar disponible durante el horario laboral a través de múltiples canales (correo electrónico, aplicaciones de mensajería, teléfono) para abordar cualquier inquietud o pregunta inmediata.

2. Gestión del tiempo:

Horario estructurado:

Mantenga un horario de trabajo consistente similar al ambiente de oficina. Comience y termine su día a la misma hora todos los días.

Priorización de tareas:

Utilice herramientas como listas de tareas pendientes o software de gestión de proyectos para priorizar y realizar un seguimiento de sus tareas. Concéntrese primero en las tareas de alta prioridad.

Descansos:

Tome descansos regulares para evitar el agotamiento. Utilice técnicas como la Técnica Pomodoro para equilibrar el trabajo y el descanso.

3. Comportamiento Profesional:

Etiqueta de la reunión:

Sea puntual para las reuniones virtuales. Utilice videos cuando sea posible para que las interacciones sean más personales. Vístase apropiadamente, aunque sea sólo de cintura para arriba.

Espacio de trabajo:

Cree un espacio de trabajo dedicado y libre de distracciones. Esto le ayuda a mantenerse concentrado y les indica a los demás en su hogar que está trabajando.

Sensibilidad:

Responder a los correos electrónicos y mensajes con prontitud. Esto demuestra a su jefe y a sus colegas que está comprometido y es confiable.

4. Construyendo y manteniendo relaciones:

Iniciar interacciones sociales:

Tome la iniciativa de organizar pausas para el café virtuales o charlas informales para mantener un sentido de camaradería con su jefe y colegas.

Mostrar agradecimiento:

Exprese su agradecimiento por la orientación y el apoyo de su jefe. Un simple agradecimiento puede ser de gran ayuda para construir una relación positiva.

Buscar comentarios:

Busque activamente comentarios sobre su desempeño y esté abierto a críticas constructivas. Esto le muestra a su jefe que está comprometido a mejorar y valorar sus aportes.

5. Demostrar iniciativa:

Resolución proactiva de problemas:

Identifique problemas potenciales y proponga soluciones antes de que se agraven. Esto demuestra que eres proactivo y que puedes manejar las responsabilidades de forma independiente.

Aprendizaje continuo:

Invierta en aprender nuevas habilidades o mejorar las existentes que sean relevantes para su trabajo. Comparta su progreso de aprendizaje con su jefe para demostrar su compromiso con el desarrollo personal y profesional.

6. Equilibrio entre la vida personal y laboral:

Establecer límites:

Define claramente tus horarios de trabajo y comunícalos a tu jefe y compañeros. Asegúrese de tener tiempo para desconectarse del trabajo para evitar el agotamiento.

Cuidados personales:

Cuida tu bienestar físico y mental. Haga ejercicio con regularidad, coma de manera saludable y realice actividades que lo ayuden a relajarse y recargar energías.

Al incorporar estas estrategias, podrá realizar su trabajo de manera efectiva desde casa mientras mantiene una relación sólida y positiva con su jefe.

Conclusión: prosperar en un mundo de trabajo remoto

Trabajar desde casa ofrece una flexibilidad y autonomía sin precedentes, pero también requiere disciplina, comunicación y adaptabilidad.

Al crear un espacio de trabajo propicio, mantener la productividad y la concentración, equilibrar el trabajo y la vida personal, aprovechar la tecnología para la colaboración, superar los desafíos con resiliencia y mantenerse adaptable al futuro del trabajo, puede prosperar en un entorno de trabajo remoto.

Recuerde, el trabajo remoto no es solo una tendencia, sino un cambio transformador en la forma en que abordamos la integración entre el trabajo y la vida personal.

Aprovecha las oportunidades que ofrece y continúa evolucionando y creciendo profesionalmente.

9.8 Uno de los principales desafíos de trabajar desde casa

Mantener una clara separación entre vida laboral y personal. Este desafío se manifiesta de varias maneras:

1. Desdibujamiento de límites:

Disponibilidad constante:

Sin la separación física de una oficina, puede resultar tentador (o esperado) estar disponible para trabajar a todas horas, lo que lleva a jornadas laborales prolongadas.

Trabajo que invade el tiempo personal:

Es fácil que las tareas laborales se extiendan al tiempo personal, lo que dificulta desconectarse y relajarse por completo.

Estrategias para abordar este desafío:

1. Establezca una rutina: horario constante

Siga un horario de trabajo regular con horas de inicio y finalización claras. Esto ayuda a crear una rutina similar a la de un entorno de oficina.

Ritual de la mañana:

Comience su día con una rutina que marque el comienzo de la jornada laboral, como una caminata matutina o un café.

2. Espacio de trabajo dedicado:

Espacio de trabajo separado:

Cree un área de trabajo designada en su hogar, separada de las áreas de estar y de dormir. Esto ayuda a indicarle a tu cerebro que es hora de trabajar cuando estás en ese espacio.

Configuración ergonómica:

Asegúrese de que su espacio de trabajo sea cómodo y esté diseñado ergonómicamente para evitar el estrés físico.

3. Establecer límites:

Comunicar disponibilidad:

Comunique claramente su horario de trabajo a sus colegas, jefe y miembros del hogar.

Desactivar las notificaciones:

Desactive las notificaciones relacionadas con el trabajo fuera de su horario laboral para evitar interrupciones durante su tiempo personal.

4. Priorice el cuidado personal:

Descansos regulares:

Tome descansos regulares a lo largo del día para descansar y recargar energías. Técnicas como la Técnica Pomodoro pueden ayudar a mantener la concentración y prevenir el agotamiento.

Ejercicio:

Incorpora la actividad física a tu rutina diaria para ayudar a reducir el estrés y mejorar el bienestar general.

5. Separación mental:

Ritual de fin de día:

Desarrolle una rutina al final del día que señale la transición del trabajo al tiempo personal, como apagar la computadora y salir a caminar.

Prácticas de atención plena:

Practique técnicas de atención plena o relajación, como meditación o ejercicios de respiración profunda, para ayudar a despejar la mente y reducir el estrés.

Al implementar estas estrategias, podrá gestionar mejor el desafío de mantener el equilibrio entre la vida personal y laboral mientras trabaja desde casa.

Capítulo 10: Lidiando con un jefe loco: navegando en aguas turbulentas

Lidiar con un jefe desafiante puede poner a prueba tu paciencia y resiliencia, pero también es una oportunidad para desarrollar habilidades valiosas en resolución de conflictos, adaptabilidad e inteligencia emocional.

Este capítulo ofrece estrategias prácticas e ideas humorísticas sobre cómo afrontar las complejidades de trabajar con un jefe "loco" manteniendo al mismo tiempo la cordura y el profesionalismo.

10.1 Comprender el comportamiento de su jefe

El primer paso para afrontar un jefe difícil es comprender su comportamiento y sus motivaciones. Aquí hay algunos rasgos comunes y consejos para navegarlos:

Micromanager: si a su jefe le gusta participar en cada detalle, manténgalo actualizado periódicamente.

Proporcione actualizaciones claras y concisas sobre su progreso para tranquilizarlos sin sentirse asfixiados.

Perfeccionista: un jefe perfeccionista puede tener altos estándares. Demuestre su compromiso con el trabajo de calidad, pero también gestione las expectativas de manera realista y comunique los desafíos con anticipación.

Impulsivo: si su jefe toma decisiones rápidas sin considerar todos los factores, ofrézcale ideas reflexivas y perspectivas alternativas. Orientarlos diplomáticamente hacia decisiones más informadas.

10.2 Comunicarse eficazmente

La comunicación eficaz es clave para gestionar un jefe desafiante. Utilice estas estrategias para afrontar los desafíos de comunicación:

Sea claro y conciso : proporcione información de manera directa. Evite ambigüedades o mensajes contradictorios que puedan dar lugar a malentendidos.

Escucha activa : Escuche atentamente las inquietudes y preferencias de su jefe. Repita lo que ha entendido para garantizar claridad y alineación.

Busque una aclaración: si no está seguro acerca de las expectativas o instrucciones, solicite una aclaración. Muestra iniciativa y evita malentendidos.

10.3 Gestión arriba

Gestionar implica comprender las necesidades y preferencias de su jefe para construir una relación de trabajo productiva. Utilice estos consejos para gestionar eficazmente a su jefe:

Anticípese a las necesidades: aborde los problemas de forma proactiva y anticipe las prioridades de su jefe. Este enfoque proactivo puede demostrar su confiabilidad y previsión.

Ofrezca soluciones: en lugar de simplemente resaltar los problemas, proponga soluciones o alternativas.

Mostrar iniciativa y disposición para asumir los desafíos.

Genere confianza: cumpla constantemente los compromisos y mantenga una comunicación abierta y honesta. La confianza es esencial para una relación de trabajo positiva.

10.4 Estableciendo límites

Mantener límites con un jefe difícil es crucial para su bienestar y productividad. Utilice estas estrategias para establecer y hacer cumplir límites:

Defina sus límites: defina claramente lo que puede y no puede acomodar en términos de carga de trabajo, plazos y responsabilidades.

Comuníquese de manera asertiva: comunique sus límites de manera cortés pero firme.

Utilice declaraciones en primera persona para expresar sus necesidades y limitaciones.

Cíñete a tus límites: respeta tus propios límites y sé coherente al hacerlos cumplir. Sienta un precedente sobre cómo espera que lo traten.

10.5 Manejo de reacciones emocionales

Tratar con un jefe desafiante puede provocar emociones fuertes. Utilice estas técnicas para gestionar sus reacciones emocionales de forma eficaz:

Practica la atención plena : utiliza técnicas de atención plena para mantener la calma y la concentración. Respirar profundamente o dar una caminata corta puede ayudar a aliviar el estrés.

Busque apoyo: desahoguese con colegas o amigos de confianza fuera del trabajo. A veces, compartir sus frustraciones puede brindarle perspectiva y liberación emocional.

Concéntrese en las soluciones: en lugar de insistir en el problema, concéntrese en lo que puede controlar. Identificar pasos viables para abordar los desafíos de manera constructiva.

10.6 Búsqueda de apoyo y perspectiva

Navegar por una situación laboral desafiante puede resultar aislado. Busque apoyo y perspectiva de fuentes confiables:

Mentor o entrenador: consulte a un mentor o entrenador que pueda brindarle orientación y estrategias para manejar situaciones difíciles.

Programa de asistencia al empleado o recursos humanos (EAP): utilice recursos de recursos humanos o servicios de EAP para obtener apoyo y asesoramiento confidencial sobre cuestiones laborales.

Redes profesionales: conéctese con pares o grupos profesionales que puedan haber experimentado desafíos similares. Sus conocimientos pueden ofrecer una perspectiva valiosa.

10.7 Documentarse y protegerse

En casos extremos, puede ser necesario documentar las interacciones con un jefe difícil para protegerse.

Utilice estas pautas:

Mantenga registros : mantenga registros detallados de conversaciones importantes, correos electrónicos e instrucciones de su jefe.

Manténgase profesional : mantenga una conducta profesional y evite reaccionar emocionalmente en situaciones desafiantes.

Busque orientación : si la situación empeora o se vuelve intolerable, busque asesoramiento de RR.HH. o de un asesor legal sobre los próximos pasos.

Conclusión: prosperar a pesar de los desafíos

Lidiar con un jefe desafiante requiere paciencia, resiliencia y pensamiento estratégico.

Al comprender el comportamiento de su jefe, comunicarse de manera efectiva, administrar, establecer límites, manejar reacciones emocionales, buscar apoyo y documentar las interacciones, cuando sea necesario, podrá navegar en aguas turbulentas con gracia y profesionalismo

Conclusión: el viaje hacia el éxito profesional

¡Felicitaciones por llegar al final de este viaje hacia el éxito profesional!

A lo largo de este libro, hemos explorado una variedad de estrategias, consejos y conocimientos diseñados para ayudarle a prosperar en el lugar de trabajo sin que su jefe busque terapia.

Desde comprender la psique de su jefe hasta dominar la etiqueta en la oficina, brindar excelencia, manejar los conflictos con elegancia, equilibrar la ambición con la humildad, controlar el estrés y planificar el éxito a largo plazo, usted ha adquirido una gran cantidad de conocimientos y consejos prácticos.

El éxito profesional no se trata sólo de ascender en la escala corporativa o alcanzar metas elevadas; se trata de afrontar las complejidades del lugar de trabajo con gracia, integridad y resiliencia.

Se trata de construir relaciones significativas, aprender y crecer continuamente, y mantener un equilibrio saludable entre el trabajo y la vida personal.

Aquí hay algunos puntos clave que debe tener en cuenta a medida que continúa su viaje:

Adopte el aprendizaje continuo: mantenga la curiosidad y la proactividad para ampliar sus habilidades y conocimientos. Cuanto más aprendes, más valioso te vuelves.

Cultive relaciones sólidas: construya y fomente relaciones con colegas, mentores y pares de la industria.

Estas conexiones pueden brindarle apoyo, orientación y oportunidades a lo largo de su carrera.

Practique la empatía y la comprensión : ya sea que se trate de conflictos o colabore en proyectos, la empatía y la comprensión pueden ser de gran ayuda para fomentar relaciones positivas y lograr objetivos comunes.

Mantenga la perspectiva : recuerde que los contratiempos y los desafíos son parte del viaje. Acérquese a ellos con resiliencia y voluntad de aprender y crecer.

Equilibra la ambición con la humildad : esfuérzate por alcanzar el éxito manteniendo los pies en la tierra y siendo humilde. Reconoce y celebra tus logros, pero también reconoce las contribuciones de los demás.

Prioriza el bienestar: Cuida tu salud física, mental y emocional. Una vida sana y equilibrada es esencial para un éxito profesional sostenido.

Al aplicar estos principios y estrategias en su carrera, recuerde que el éxito no es un destino sino un viaje continuo de crecimiento y desarrollo.

Cada día presenta nuevas oportunidades para aprender, mejorar y generar un impacto positivo.

Si se mantiene fiel a sí mismo, se adapta al cambio y mantiene el sentido del humor en el camino, no sólo tendrá éxito profesionalmente sino que también disfrutará el viaje.

Gracias por acompañarme en este viaje. Brindemos por su continuo éxito, satisfacción y felicidad en sus esfuerzos profesionales. ¡Salud!

Léxico de términos de oficina populares

Navegar en el entorno de oficina moderno a menudo requiere estar familiarizado con una variedad de términos y jergas.

Ágil : una metodología para la gestión de proyectos que enfatiza la flexibilidad, la colaboración y el desarrollo iterativo.

Lluvia de ideas: Técnica creativa utilizada para generar ideas y soluciones a través de discusiones grupales y contribuciones espontáneas.

Fecha límite: la fecha u hora en la que se debe completar una tarea, proyecto o asignación.

Tiempo de inactividad : Períodos de actividad o productividad reducida, a menudo utilizados para referirse a descansos o períodos lentos en el trabajo.

Etiqueta del correo electrónico: pautas para redactar y administrar correos electrónicos de manera profesional y efectiva.

Horario flexible : un horario de trabajo que permite a los empleados elegir sus horas de inicio y finalización dentro de un rango definido.

Bandeja de entrada cero : la práctica de mantener la bandeja de entrada de correo electrónico vacía o casi vacía procesando y respondiendo rápidamente los correos electrónicos.

Indicadores clave de rendimiento (KPI): medidas cuantificables utilizadas para evaluar el éxito o el desempeño de un individuo, equipo u organización.

Onboarding: El proceso de integración y capacitación de nuevos empleados dentro de una organización.

Trabajo remoto : trabajar fuera de un entorno de oficina tradicional, a menudo desde casa u otras ubicaciones remotas.

Parte interesada: un individuo o grupo con un interés o preocupación en un proyecto, proceso u organización.

Teleconferencia: reunión realizada por teléfono o videollamada, que permite a los participantes comunicarse de forma remota.

Upskilling: El proceso de adquirir nuevas habilidades o mejorar las existentes para mejorar las capacidades profesionales.

Colaboración virtual : trabajar juntos en proyectos o tareas a través de plataformas y herramientas digitales, independientemente de la ubicación física.

Flujo de trabajo: la secuencia de pasos o tareas necesarias para completar un proceso o proyecto de manera eficiente.

Comprender estos términos puede facilitar una comunicación y colaboración más fluidas en el lugar de trabajo, lo que garantiza que esté bien equipado para navegar por la dinámica de la oficina y contribuir de manera efectiva al éxito de su equipo.

©2024 Editor Photolator.

www.ingramcontent.com/pod-product-compliance
Lightning Source LLC
Chambersburg PA
CBHW071952210526
45479CB00003B/901